Klasse 1

Ulrike Stolz & Lynn-Sven Kohl

Der Leseprofi

1

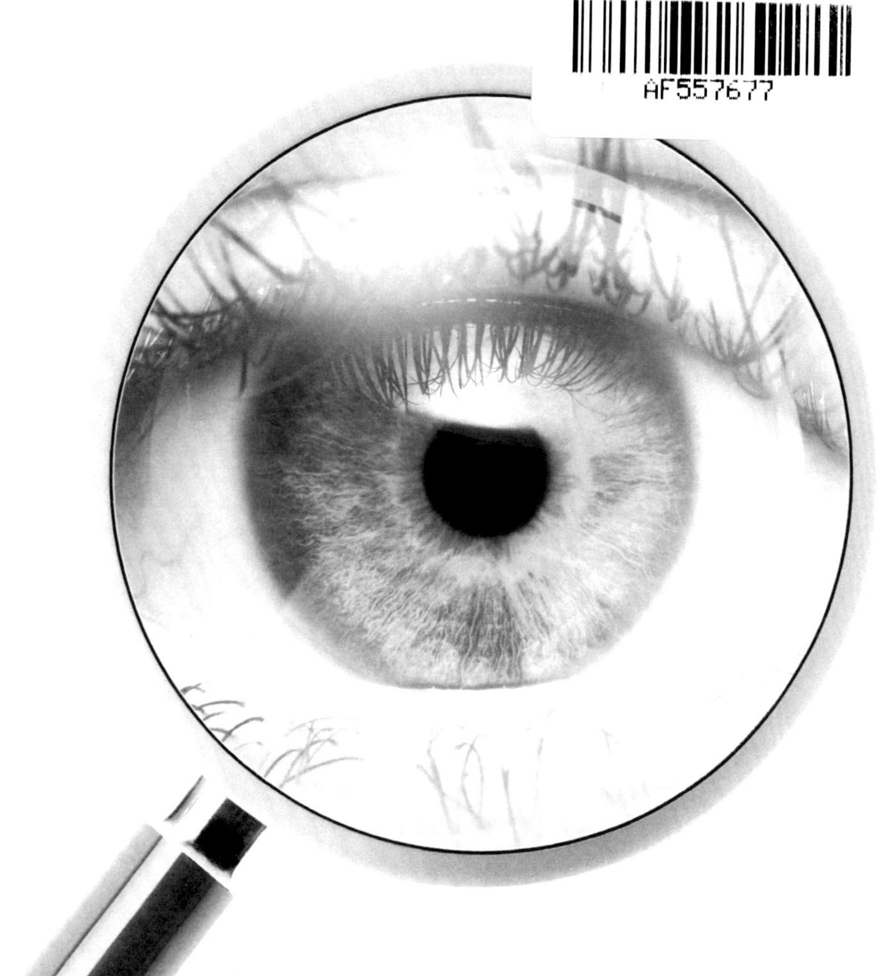

Fit durch Lesetraining!

Intensives Training des sinnerfassenden Lesens

Der Leseprofi

Klasse 1

3. Auflage 2025

Texte & Gestaltung: Ulrike Stolz, Lynn-Sven Kohl
Coverbild: © by-studio - AdobeStock.com
Redaktion: Kohl-Verlag
Grafik & Satz: Kohl-Verlag
Druck: Druckerei Flock, Köln

Bestell-Nr. 16 761

ISBN: 978-3-98841-101-3

Bildquellen:

(alle Adobestock.com, wenn nicht anderes angegeben)

Auf allen Seiten: © rosifan19; **Seite 2:** © Africa Studio; **Seite 6:** © famveldman; **Seite 7:** © Dmitry Lobanov; **Seite 8:** © Kitsada; **Seite 10:** © weyo; **Seite 11:** © Cpro; **Seite 12:** © pavelgulea; **Seite 13:** © Max Topchii; **Seite 14:** © Miljan Zivkovic; **Seite 15:** © Artenex; **Seite 16:** © volurol; **Seite 17:** © HENADZY; **Seite 18:** © Africa Studio; **Seite 19:** © photography_berlin; **Seite 20:** © Mikolette Moller_peopleimages; **Seite 21:** © Kokhanchikov; **Seite 22:** © Polarpx; **Seite 23:** © amazing studio; **Seite 24:** © photosaint; **Seite 25:** © Drobot Dean; **Seite 26:** © Elena Medoks; **Seite 27:** © Racle Fotodesign; **Seite 28:** © JenkoAtaman; **Seite 29:** © Konstiantyn; **Seite 30:** © Rido; **Seite 31:** © Christian Schwier; **Seite 32:** © David Schwitzgebel; **Seite 33:** © Sina Ettmer; **Seite 34:** © Elvira; **Seite 35:** © Africa Studio; **Seite 36:** © Africa Studio; **Seite 37:** © WIROT; **Seite 38:** © contrastwerkstatt; **Seite 39:** © Marén Wischnewski; **Seite 40:** © kieferpix; **Seite 41:** © falonkoontz; **Seite 42:** © Monkey Business; **Seite 43:** © olegganko; **Seite 44:** © ADDICTIVE STOCK CORE; **Seite 45:** © DenisNata; **Seite 46:** © zinkevych; **Seite 47:** © Alexander Raths; **Seite 48:** © Wayhome Studio; **Seite 49:** © 016Graphics; **Seite 50:** © Adriana; **Seite 51:** © Artenauta; **Seite 52:** © littlewolf1989; **Seite 53:** © byrdyak; **Seite 54:** © Eléonore H; **Seite 55:** © sinseeho; **Seite 56:** © galitskaya; **Seite 57:** © Zsolt Biczó; **Seite 58:** © bobby310; **Seite 59:** © Andreas Krappweis

Kontakt: Kohl-Verlag, An der Brennerei 37-45, 50170 Kerpen
Tel: +49 2275 331610, Mail: info@kohlverlag.de

Unsere Lizenzmodelle

Der vorliegende Band ist eine Print-Einzellizenz

Sie wollen unsere Kopiervorlagen auch digital nutzen? Kein Problem – fast das gesamte KOHL-Sortiment ist auch sofort als PDF-Download erhältlich! Wir haben verschiedene Lizenzmodelle zur Auswahl:

	Print-Version	PDF-Einzellizenz	PDF-Schullizenz	Kombipaket Print & PDF-Einzellizenz	Kombipaket Print & PDF-Schullizenz
Unbefristete Nutzung der Materialien	x	x	x	x	x
Vervielfältigung, Weitergabe und Einsatz der Materialien im eigenen Unterricht	x	x	x	x	x
Nutzung der Materialien durch alle Lehrkräfte des Kollegiums an der lizensierten Schule			x		x
Einstellen des Materials im Intranet oder Schulserver der Institution			x		x

Die erweiterten Lizenzmodelle zu diesem Titel sind jederzeit im Online-Shop unter www.kohlverlag.de erhältlich.

Inhalt

Wir werden Leseprofi / Klasse 1
Intensives Training des sinnerfassenden Lesens – Bestell-Nr. 16 761
KOHL VERLAG

Vorwort

Profi! Wie wird man das?

Das ist eine berechtigte Frage. Und dann auch noch Leseprofi?
Gerade in diesem grundlegenden Bereich ziehen sich die Schwierigkeiten unserer Schülerinnen und Schüler durch alle Altersstufen und alle Schularten.
Um diese Schwierigkeiten zu beheben, wurde der Leseprofi entwickelt. Es wird neben der Lesetechnik und Lesefertigkeit auch das Textverständnis trainiert. Ein fragendes Denken soll mit Hilfe dieser Arbeitsblätter gefördert werden.

Aber was ist überhaupt Lesen? Worauf kommt es denn nun wirklich an?
Lesen ist Sinnentnahme aus allen möglichen Texten. Das reicht von der täglichen Fernsehprogrammbeschreibung bis zum wissenschaftlichen Text. Dabei gibt es diesen entscheidenden Lerneffekt: Wichtiges von Unwichtigem zu unterscheiden! Das geht nur durch Lesen und gleichzeitiges Verstehen!

Der Aufbau der Arbeitsblätter zielt vor allem auf das Verstehen des Gelesenen ab. Dabei geht das natürlich nicht immer, ohne auch zu schreiben. Denn nur, wer etwas Gelesenes auch „aufschreiben" kann, der hat den Sinn des Gelesenen auch verstanden.

Da wir aber die unterschiedlichsten Voraussetzungen unserer Schülerinnen und Schüler kennen, wird auch auf das Erlesen von Silben Wert gelegt. Denn Silben sind die kleinsten logischen Einheiten beim Lesen.

Deshalb ist der Leseprofi 1 in allen Texten mit Silbenbögen ausgestattet. So kann mit der üblichen Lernweise eine große Hilfestellung gegeben werden. Wird das Lesen so erleichtert, ist es auch einfacher, den Sinn des Textes zu verstehen.

Die 27 Einheiten im Heft sind nach Schwierigkeit sortiert - von einfach bis schwierig. Auf den Arbeitsblättern wird aber aus Gründen der Benachteiligung bewusst darauf verzichtet. Kein Schüler muss wissen, dass der Lehrer/die Lehrerin ihm/ihr „nur" einen leichten Text gibt. So kann man die Schülerin/den Schüler schneller positiv bestärken, mit dem konkreten Hinweis auf sein konzentriertes Arbeiten. So fördert man Motivation und Konzentration.

Frei nach dem Motto „Wer nicht fragt, bleibt dumm!" gibt es natürlich in jedem Text auch einmal Wörter zu erklären. Meistens ist dies im Text nur auf ein bis zwei unbekannte Wörter beschränkt, sodass die Schülerin/der Schüler sich mit diesem Begriffen und ihren Bedeutungen auseinandersetzen kann. Möchte man den Lese-Wortschatz erweitern, müssen neue unbekannte Wörter/Begriffe eingebaut werden. Diese werden aus dem Kontext heraus oder durch zusätzliche Erklärungen mit Inhalt gefüllt. Dies kann die Schüler auch zum Nachschlagen von Begriffen in Lexika führen.

Zusätzliches Material zum Leseprofi bietet das passende Arbeitsheft zu jeder Ausgabe. Hier wird Lesen und Verstehen mit Aufgabentypen verschiedenster Art gefördert. Alle diese Materialien können unabhängig voneinander eingesetzt werden.

Der Leseprofi macht jeden Schüler zum Profi, weil das wichtigste Ziel beim Lesen verfolgt wird: Unwichtiges von Wichtigem lesend zu trennen!

An dieser Stelle möchten wir uns für die Unterstützung bei Sylvia Hielscher, Wolfgang Wertenbroch und Erich van Heiss ganz herzlich bedanken.

Ihnen und Ihren Schülern wünschen wir viel Erfolg und Freude mit den vorliegenden Kopiervorlagen.

Ihr Kohl-Verlagsteam,

Lynn-Sven Kohl & Ulrike Stolz

Methoden

So wird mit dem Leseprofi gearbeitet!

So kann der Schüler/die Schülerin mit dem Leseprofi arbeiten:

1. Arbeitsblatt

- Der Text wird gelesen. Eventuell wird der Text auch ein zweites Mal gelesen.
- Der Text kann, um ein nochmaliges Nachlesen zu verhindern, nach hinten weggeklappt werden.
- Im 1. Lernschritt werden die Aussagen zum Text gelesen. Mit einem lachenden Gesicht werden die richtigen Aussagen gekennzeichnet. Dies kann je nach Alter der Schüler auch mit Selbstkontrolle über das Lösungsblatt kontrolliert werden. Das Lösungsblatt könnte z.B. beim Lehrer ausgelegt sein.

2. Arbeitsblatt

- Der zweite Lernschritt ist additiv. Er kann nach Belieben hinzugenommen oder weggelassen werden.
- Die Fragen werden gelesen und schriftlich beantwortet. Dafür kann der Text auch noch einmal vollständig gelesen werden.
- Schwächere oder jüngere Schüler können mit der „Unterstreichmethode“ arbeiten. So muss nur gelesen und nichts geschrieben werden. Es eignen sich Textmarker zum Markieren einzelner Textstellen.

Zusätzliche Ideen und Überlegungen für den Lehrer:

- Da die Texte nach Schwierigkeitsgraden im Heft sortiert sind, auf dem Blatt aber nicht als leicht oder schwierig gekennzeichnet wurden, hat der Lehrer die Möglichkeit, jeden Schüler positiv zu bestärken.
  Dabei sollte ganz konkret gesagt werden, was ein Schüler toll gemacht hat (z.B. hat er sich prima konzentriert). Allgemeines Lob wird auch nur allgemein wahrgenommen. Deshalb sollte man immer das gewünschte Verhalten konkret benennen und loben.
- Schwache Schüler profitieren von der „Unterstreichmethode“. Mit verschiedenen Textmarkern macht das richtig Spaß und diese Schüler haben die gleichen Ergebnisse wie ihre schreibenden Mitschüler.
- Überschriften machen neugierig. Sie stimmen auf mögliche Inhalte des Textes ein. In einem einstimmenden Gesprächskreis können Vermutungen geäußert werden, die motiveren (z.B.: Woran denkst du bei dieser Überschrift? Was könnte im Text vorkommen? Wovon könnte er handeln? usw.) Schüler haben dann eine Erwartungshaltung und sind gespannt darauf, was der Text nun wirklich zu bieten hat.
- Der Lese-Wortschatz wird durch nicht so geläufige Begriffe erweitert. Aus dem Kontext heraus werden sie mit Inhalt gefüllt.
- Der Zusatzkasten mit Sprech- und Schreibanlässen gibt Stoff für weitere Stunden und angeregte Diskussionen und setzt sich mit den beschriebenen Sach- und Sozialthemen auseinander. Sachtexte regen zum Weiterlesen in Lexika oder entsprechenden Natur- und Sachkundebüchern an.
- Die Texte können aus Vorlage benutzt werden, um zu lernen, Unwichtiges zu streichen und das Wichtige in Stichwörtern zusammenzufassen. Eine Folge wird sein, dass auch eigene Texte mit Wichtigem/den Kernaussagen gefüllt sein werden.
  Der Leseprofi fördert das Textverständnis auch für völlig unbekannte Texte, da methodisch vorgegangen wird. Der Schüler merkt sich nur das Wesentliche!

1 Im Sport ver ein

Jan und Fe lix sind im Sport ver ein. Sie spie len Fuß ball. Am Wo chen en de fah ren sie zu ei nem Tur nier. Der Trai ner feu ert sie an. Mit viel Mü he ge win nen sie das Spiel. Das gibt ein Fest.

34 Wörter

1. Lernschritt

➔ *Lies die folgenden Sätze aufmerksam durch.*

➔ *Ist die Aussage inhaltlich richtig? Dann kreuze die Aussage an.*

! *Achtung: Du darfst nicht mehr im Text nachlesen!*

- -

Knicke das Blatt entlang dieser Linie nach hinten.

Richtig 

		Richtig
1	Jan und Fe lix sind im Sport ver ein.	
2	Sie spie len Fuß ball.	
3	Am Wo chen en de fah ren sie zu ei nem Tur nier.	
4	Der Trai ner hält vor dem Spiel ei ne Re de.	
5	Der Trai ner feu ert sie an.	
6	Mit viel Mü he ge win nen sie das Spiel.	
7	Schlecht ge launt ver las sen sie den Platz.	
8	Das gibt ein Fest.	

KOHL VERLAG Wir werden Leseprofi / Klasse 1 Intensives Training des sinnerfassenden Lesens – Bestell-Nr. 16 761

Im Sport ver ein

2. Lernschritt Beantworte die folgenden Fragen zum Lesetext sinngemäß in vollständigen Sätzen.

oder:

Unterstreiche im Lesetext die passenden Antworten. Schreibe am Rand den dazugehörigen Buchstaben daneben.

a) Wer ist im Sportverein?

b) Was spielen Jan und Felix?

c) Wann fahren sie zu einem Turnier?

d) Was macht der Trainer?

Zusatzaufgabe Was ist euer Lieblingssport? Seid ihr in einem Verein, um Sport zu machen? Erzählt.

Wir werden Leseprofi / Klasse 1
Intensives Training des sinnerfassenden Lesens – Bestell-Nr. 16 761
KOHL VERLAG

2 Das Spuk schloss

Auf ei nem Hü gel steht ein Schloss. Al le Kin der ha ben Angst da vor. Es ist ein Spuk schloss. Ges tern lie fen al le ängst lich da von. Es spuk te.

24 Wörter

1. Lernschritt

➔ *Lies die folgenden Sätze aufmerksam durch.*

➔ *Ist die Aussage inhaltlich richtig? Dann kreuze die Aussage an.*

! *Achtung: Du darfst nicht mehr im Text nachlesen!*

- -

Knicke das Blatt entlang dieser Linie nach hinten.

		Richtig X
1	Auf dem Berg steht ein Schloss.	
2	Sie spie len Fuß ball.	
3	Al le Er wach se nen ha ben Angst da vor.	
4	Es ist ein Spuk schloss.	
5	Ges tern lie fen al le ängst lich da von.	
6	Die Prin zes sin wink te aus dem Fens ter.	
7	Es spuk te.	
8	Ein Geist kam ge flo gen.	

KOHL VERLAG Wir werden Leseprofi / Klasse 1
Intensives Training des sinnerfassenden Lesens – Bestell-Nr. 16 761

2 Das Spuk schloss

2. Lernschritt *Beantworte die folgenden Fragen zum Lesetext sinngemäß in vollständigen Sätzen.*

oder:

Unterstreiche im Lesetext die passenden Antworten. Schreibe am Rand den dazugehörigen Buchstaben daneben.

a) Was steht auf einem Hügel?

b) Was haben alle Kinder vor dem Schloss?

c) Wie liefen sie davon?

d) Wieso liefen die Kinder davon?

Zusatzaufgaben

- *Kennt ihr auch eine gruselige Geschichte?*
- *Wann habt ihr euch gefürchtet? Berichtet davon.*

KOHL VERLAG Wir werden Leseprofi / Klasse 1 Intensives Training des sinnerfassenden Lesens – Bestell-Nr. 16 761

3 Das Lieb lings es sen

Vie le Kin der ha ben das glei che
Lieb lings es sen. Nu deln mit
To ma ten so ße sind am be lieb tes ten.
Piz za ist auf Platz zwei.
Auf Platz drei sind Pom mes.

24 Wörter

1. Lernschritt

➔ *Lies die folgenden Sätze aufmerksam durch.*

➔ *Ist die Aussage inhaltlich richtig? Dann kreuze die Aussage an.*

❗ *Achtung: Du darfst nicht mehr im Text nachlesen!*

Knicke das Blatt entlang dieser Linie nach hinten.

Richtig 

		Richtig
1	Vie le Kin der ha ben die glei chen Lieb lings ge trän ke.	
2	Am be lieb tes ten sind Nu deln mit To ma ten so ße.	
3	Am be lieb tes ten ist Sa lat.	
4	Piz za ist auf Platz zwei.	
5	Sa lat ist auf Platz zwei.	
6	Auf Platz drei ist das Mar me la den brot.	
7	Auf Platz drei sind Pom mes.	
8	Die Kin der trin ken am liebs ten Was ser.	

KOHL VERLAG Wir werden Leseprofi / Klasse 1 Intensives Training des sinnerfassenden Lesens – Bestell-Nr. 16 761

3 Das Lieb lings es sen

2. Lernschritt *Beantworte die folgenden Fragen zum Lesetext sinngemäß in vollständigen Sätzen.*

oder:

Unterstreiche im Lesetext die passenden Antworten. Schreibe am Rand den dazugehörigen Buchstaben daneben.

a) Was ist am beliebtesten?

b) Welchen Platz hat Pizza?

c) Was ist auf Platz drei?

d) Auf welchem Platz sind Pommes?

Zusatzaufgabe *Was ist euer Lieblingsessen? Berichtet und sprecht darüber. Ist das Essen auch gesund?*

Wir werden Leseprofi / Klasse 1
Intensives Training des sinnerfassenden Lesens – Bestell-Nr. 16 761
KOHL VERLAG

4 Im Schnee

Lu kas und Si mon spie len gern im Schnee. Sie lie ben Schlit ten fah ren. Mit dem Schlit ten sau sen sie den Berg hin ter dem Haus he run ter. Sie la chen und to ben bis zum A bend.

31 Wörter

1. Lernschritt

➔ *Lies die folgenden Sätze aufmerksam durch.*

➔ *Ist die Aussage inhaltlich richtig? Dann kreuze die Aussage an.*

(!) *Achtung: Du darfst nicht mehr im Text nachlesen!*

Knicke das Blatt entlang dieser Linie nach hinten.

Richtig 

		Richtig
1	Lu kas und Ste fan spie len gern im Schnee.	
2	Lu kas und Si mon spie len gern im Schnee.	
3	Sie lie ben Rad fah ren.	
4	Mit dem Schlit ten sau sen sie den Berg he run ter.	
5	Der Berg ist hin ter dem Haus.	
6	Sie schrei en und tur nen.	
7	Sie la chen und to ben bis zum A bend.	
8	Sie la chen und to ben, bis es hell wird.	

KOHL VERLAG Wir werden Leseprofi / Klasse 1 Intensives Training des sinnerfassenden Lesens – Bestell-Nr. 16 761

4 Im Schnee

2. Lernschritt

Beantworte die folgenden Fragen zum Lesetext sinngemäß in vollständigen Sätzen.

oder:

Unterstreiche im Lesetext die passenden Antworten. Schreibe am Rand den dazugehörigen Buchstaben daneben.

a) Wo spielen Lukas und Simon gerne?

b) Was lieben sie?

c) Wo sausen sie mit dem Schlitten herunter?

d) Bis wann lachen und toben sie?

Zusatzaufgabe

Was machst du im Winter am liebsten? Schreibe auf.

Wir werden Leseprofi / Klasse 1
Intensives Training des sinnerfassenden Lesens – Bestell-Nr. 16 761
KOHL VERLAG

5 Bü cher

Chris ti an liest ger ne. Zum Ge burts tag be kommt er Bü cher. O ma schenkt ihm ein Buch ü ber Pi ra ten.
Ma ma und Pa pa ha ben ein Fuß ball buch für Chris ti an.

24 Wörter

1. Lernschritt

- ➔ *Lies die folgenden Sätze aufmerksam durch.*
- ➔ *Ist die Aussage inhaltlich richtig? Dann kreuze die Aussage an.*

(!) *Achtung: Du darfst nicht mehr im Text nachlesen!*

- -

Knicke das Blatt entlang dieser Linie nach hinten.

		Richtig X
1	Chris ti an liest ger ne.	
2	Chris ti an bas telt ger ne.	
3	Zu Weih nach ten be kommt Chris ti an Bü cher.	
4	O pa schenkt ihm ein Buch ü ber Räu ber.	
5	O ma schenkt ihm ein Buch ü ber Pi ra ten.	
6	Chris ti an be kommt ein Fuß ball buch.	
7	Ma ma und Pa pa schen ken ihm ein Fuß ball buch.	
8	Sei ne Schwes ter hat ein Wit ze buch für ihn.	

KOHL VERLAG Wir werden Leseprofi / Klasse 1 Intensives Training des sinnerfassenden Lesens – Bestell-Nr. 16 761

2. Lernschritt

Beantworte die folgenden Fragen zum Lesetext sinngemäß in vollständigen Sätzen.

oder:

Unterstreiche im Lesetext die passenden Antworten. Schreibe am Rand den dazugehörigen Buchstaben daneben.

a) Was macht Christian gerne?

b) Was bekommt Christian zum Geburtstag?

c) Was bekommt er von Oma?

d) Was haben Mama und Papa für Christian?

Zusatzaufgabe

Was lest ihr gerne? Erzählt euch gegenseitig.

KOHL VERLAG Wir werden Leseprofi / Klasse 1 Intensives Training des sinnerfassenden Lesens – Bestell-Nr. 16 761

6 Fern seh ver bot

Ges tern gab es Är ger. Max kam nicht pünkt lich nach Hau se. Ma ma wur de rich tig bö se. Des halb hat Max jetzt zwei Ta ge Fern seh ver bot. Das ist schlimm für Max.

27 Wörter

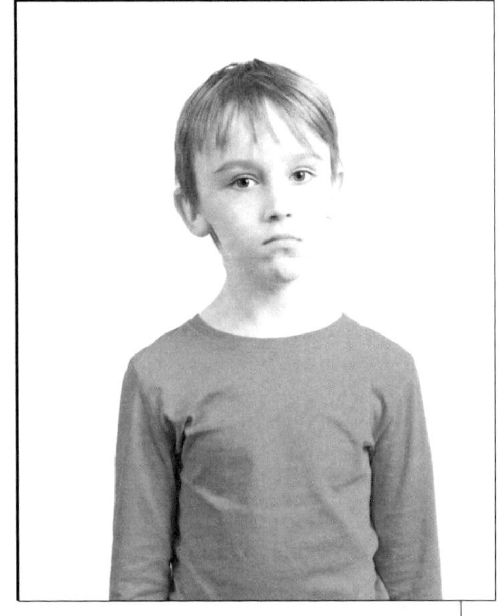

1. Lernschritt

➔ *Lies die folgenden Sätze aufmerksam durch.*

➔ *Ist die Aussage inhaltlich richtig? Dann kreuze die Aussage an.*

❗ *<u>Achtung</u>: Du darfst nicht mehr im Text nachlesen!*

- -

Knicke das Blatt entlang dieser Linie nach hinten.

Richtig 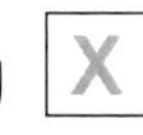

		Richtig
1	Ges tern gab es Ge mü se.	
2	Max war un pünkt lich.	
3	Max brach te ei nen Freund mit nach Hau se.	
4	Ma ma war sehr froh, ihn zu se hen.	
5	Ma ma wur de rich tig bö se.	
6	Max hat jetzt Haus ar rest.	
7	Max muss je den Tag zwei Stun den fern se hen.	
8	Das fin det Max toll.	

KOHL VERLAG Wir werden Leseprofi / Klasse 1 – Bestell-Nr. 16 761
Intensives Training des sinnerfassenden Lesens

6 **Fern seh ver bot**

2. Lernschritt *Beantworte die folgenden Fragen zum Lesetext sinngemäß in vollständigen Sätzen.*

oder:

Unterstreiche im Lesetext die passenden Antworten. Schreibe am Rand den dazugehörigen Buchstaben daneben.

a) Was gab es gestern?

b) Warum gab es gestern Ärger?

c) Wie reagierte Mama?

d) Was hat Max jetzt?

Zusatzaufgabe *Hattet ihr schon einmal Fernsehverbot? Warum habt ihr diese Strafe bekommen? Erzählt.*

KOHL VERLAG Wir werden Leseprofi / Klasse 1
Intensives Training des sinnerfassenden Lesens – Bestell-Nr. 16 761

7 Flö ten un ter richt

Ju li a und Lei la lie ben Mu sik. Bei de ha ben zum Schul an fang ei ne Flö te be kom men. Je den Mitt woch ge hen sie zum Flö ten un ter richt. Sie kön nen schon ei ni ge Lie der spie len.

25 Wörter

1. Lernschritt

➔ *Lies die folgenden Sätze aufmerksam durch.*

➔ *Ist die Aussage inhaltlich richtig? Dann kreuze die Aussage an.*

(!) *Achtung: Du darfst nicht mehr im Text nachlesen!*

Knicke das Blatt entlang dieser Linie nach hinten.

		Richtig X
1	Ju li a und Ja na lie ben Pfer de.	
2	Ju li a und Lei la lie ben Mu sik.	
3	Zum Schul an fang ha ben bei de ein Fahr rad be kom men.	
4	Sie ge hen je den Don ners tag zum Reit un ter richt.	
5	Sie ge hen je den Mitt woch zum Flö ten un ter richt.	
6	Sie kön nen schon al le Tö ne spie len.	
7	Sie kön nen schon ei ni ge Lie der spie len.	
8	Zu Weih nach ten be kom men sie Ein zel un ter richt.	

KOHL VERLAG Wir werden Leseprofi / Klasse 1 Intensives Training des sinnerfassenden Lesens – Bestell-Nr. 16 761

7 Flö ten un ter richt

2. Lernschritt

Beantworte die folgenden Fragen zum Lesetext sinngemäß in vollständigen Sätzen.

oder:

Unterstreiche im Lesetext die passenden Antworten. Schreibe am Rand den dazugehörigen Buchstaben daneben.

a) Wer liebt Musik?

b) Was haben beide zum Schulanfang bekommen?

c) Wohin gehen sie jeden Mittwoch?

d) Was können sie schon?

KOHL VERLAG Wir werden Leseprofi / Klasse 1
Intensives Training des sinnerfassenden Lesens – Bestell-Nr. 16 761

8 Zel ten ist schön

In den Fe ri en zel ten Ma ri a und Tim. Va ter baut das Zelt auf. Da kracht es wie der zu sam men. Ma ri a und Tim la chen. Va ter schaut bö se.

27 Wörter

1. Lernschritt

➔ *Lies die folgenden Sätze aufmerksam durch.*

➔ *Ist die Aussage inhaltlich richtig? Dann kreuze die Aussage an.*

❗ *Achtung: Du darfst nicht mehr im Text nachlesen!*

- -

Knicke das Blatt entlang dieser Linie nach hinten.

Richtig 

		Richtig
1	Am Wo chen en de zel ten Ma ri na und Ti mo.	
2	Ma ri a und Tim zel ten.	
3	Mut ter baut das Zelt auf.	
4	O pa hilft, das Zelt auf zu bau en.	
5	Das Zelt kracht wie der zu sam men.	
6	Das Zelt steht bom ben si cher.	
7	Ma ri a und Tim la chen.	
8	Va ter schaut bö se.	

KOHL VERLAG Wir werden Leseprofi / Klasse 1 Intensives Training des sinnerfassenden Lesens – Bestell-Nr. 16 761

8 Zel ten ist schön

2. Lernschritt *Beantworte die folgenden Fragen zum Lesetext sinngemäß in vollständigen Sätzen.*

oder:

Unterstreiche im Lesetext die passenden Antworten. Schreibe am Rand den dazugehörigen Buchstaben daneben.

a) Wann zelten Maria und Tim?

b) Wer baut das Zelt auf?

c) Was tun Maria und Tim?

d) Wie schaut der Vater?

Zusatzaufgabe *Wart ihr schon einmal zelten? Habt ihr schon einmal einen ähnlichen Urlaub gemacht?*

KOHL VERLAG Wir werden Leseprofi / Klasse 1 Intensives Training des sinnerfassenden Lesens – Bestell-Nr. 16 761

9 Ti na kann rech nen

Le sen und schrei ben mag Ti na.
A ber rech nen fand sie doof.
Ihr Groß va ter be such te sie
ges tern. Er staunt hör te er
von ih rem Pro blem. Dann half er Ti na.
Jetzt hat Ti na es ver stan den.

33 Wörter

1. Lernschritt

➔ *Lies die folgenden Sätze aufmerksam durch.*

➔ *Ist die Aussage inhaltlich richtig? Dann kreuze die Aussage an.*

! *Achtung: Du darfst nicht mehr im Text nachlesen!*

Knicke das Blatt entlang dieser Linie nach hinten.

Richtig 

		Richtig
1	Le sen und Schrei ben mag Ti na nicht.	
2	Rech nen fand sie doof.	
3	Ihr On kel be such te sie.	
4	Ihr Groß va ter be such te sie vor ges tern.	
5	Er staunt hör te er von ih rem Pro blem.	
6	Er schimpf te mit ihr.	
7	Er half Ti na.	
8	Jetzt hat Ti na es ver stan den.	

KOHL VERLAG Wir werden Leseprofi / Klasse 1 – Bestell-Nr. 16 761
Intensives Training des sinnerfassenden Lesens

Ti na kann rech nen

2. Lernschritt

Beantworte die folgenden Fragen zum Lesetext sinngemäß in vollständigen Sätzen.

oder:

Unterstreiche im Lesetext die passenden Antworten. Schreibe am Rand den dazugehörigen Buchstaben daneben.

a) Wie fand Tina rechnen?

b) Wer besuchte Tina?

c) Was tat der Großvater, nachdem er von ihrem Problem gehört hatte?

d) Was hat sie nun?

KOHL VERLAG Wir werden Leseprofi / Klasse 1 Intensives Training des sinnerfassenden Lesens – Bestell-Nr. 16 761

10 Pa pas Fei er a bend

Va ter kommt von der Ar beit nach Hau se. Jo nas will mit ihm spie len. A ber Va ter möch te ei ne hal be Stun de sei ne Ru he ha ben. Da nach spielt er mit Jo nas. Sie spie len mit der Ei sen bahn.

33 Wörter

1. Lernschritt

- *Lies die folgenden Sätze aufmerksam durch.*
- *Ist die Aussage inhaltlich richtig? Dann kreuze die Aussage an.*

! *Achtung: Du darfst nicht mehr im Text nachlesen!*

- -

Knicke das Blatt entlang dieser Linie nach hinten.

Richtig 

		Richtig
1	Va ter kommt vom Ten nis platz nach Hau se.	
2	Va ter kommt von der Ar beit nach Hau se.	
3	Jo nas will mit ihm spie len.	
4	Va ter möch te sei ne Ru he ha ben.	
5	Mut ter spielt nun mit Jo nas.	
6	Nach ei ner hal ben Stun de spielt Va ter mit Jo nas.	
7	Sie spie len mit der Ei sen bahn.	
8	Sie spie len ei ne hal be Stun de lang.	

KOHL VERLAG Wir werden Leseprofi / Klasse 1 – Intensives Training des sinnerfassenden Lesens – Bestell-Nr. 16 761

10 Pa pas Fei er a bend

2. Lernschritt *Beantworte die folgenden Fragen zum Lesetext sinngemäß in vollständigen Sätzen.*

oder:

Unterstreiche im Lesetext die passenden Antworten. Schreibe am Rand den dazugehörigen Buchstaben daneben.

a) Woher kommt Vater?

b) Was will Jonas?

c) Was möchte der Vater?

d) Womit spielen sie?

Zusatzaufgabe

- *Ist euch Jonas Problem bekannt? Gibt es bei euch auch feste Zeiten zum Spielen?*

Wir werden Leseprofi / Klasse 1
Intensives Training des sinnerfassenden Lesens – Bestell-Nr. 16 761
KOHL VERLAG

11 Pau sen brot

In der Pau se ste hen die Erst kläss ler zu sam men auf dem Pau sen hof. Max hat ein Wurst brot, Ka rin ei nen Scho ko rie gel und Nor bert ei nen Ap fel. Ka rins Zäh ne sind schon ganz schlecht. Sie isst im mer nur Sü ßig kei ten in der Pau se.

36 Wörter

1. Lernschritt

➔ *Lies die folgenden Sätze aufmerksam durch.*

➔ *Ist die Aussage inhaltlich richtig? Dann kreuze die Aussage an.*

(!) *Achtung: Du darfst nicht mehr im Text nachlesen!*

Knicke das Blatt entlang dieser Linie nach hinten.

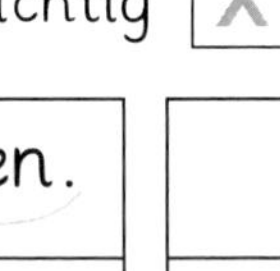

		Richtig X
1	Im Klas sen zim mer ste hen die Erst kläss ler zu sam men.	
2	Die Erst kläss ler ste hen auf dem Pau sen hof zu sam men.	
3	Max hat ein Wurst brot.	
4	Clau di a hat ei ne Bir ne.	
5	Ka rin hat ei nen Scho ko rie gel.	
6	Nor bert hat ei nen Ap fel.	
7	Ka rins Zäh ne sind gut ge putzt.	
8	Ka rin isst nur Sü ßig kei ten in der Pau se.	

KOHL VERLAG Wir werden Leseprofi / Klasse 1 Intensives Training des sinnerfassenden Lesens – Bestell-Nr. 16 761

11 Pau sen brot

2. Lernschritt *Beantworte die folgenden Fragen zum Lesetext sinngemäß in vollständigen Sätzen.*

oder:

Unterstreiche im Lesetext die passenden Antworten. Schreibe am Rand den dazugehörigen Buchstaben daneben.

a) Wer steht in der Pause zusammen?

b) Was isst Max?

c) Was isst Karin?

d) Wie sehen Karins Zähne aus?

Zusatzaufgabe *Wie sieht euer Pausenbrot aus? Was ist gesund? Sprecht darüber.*

KOHL VERLAG Wir werden Leseprofi / Klasse 1
Intensives Training des sinnerfassenden Lesens – Bestell-Nr. 16 761

12 Im Wald

Wenn es Früh ling wird, freu en sich Le na und Kim im mer. Nun kön nen sie end lich wie der raus. Am liebs ten spie len sie im Wald. Sie bau en sich ein tol les Baum haus. Dort es sen, trin ken und fau len zen sie.

36 Wörter

1. Lernschritt

➔ *Lies die folgenden Sätze aufmerksam durch.*

➔ *Ist die Aussage inhaltlich richtig? Dann kreuze die Aussage an.*

! *Achtung: Du darfst nicht mehr im Text nachlesen!*

Knicke das Blatt entlang dieser Linie nach hinten.

Richtig 

1	Wenn es Win ter wird, freu en sich Le na und Kim im mer.	
2	Le na und Kim freu en sich, wenn es Früh ling wird.	
3	Nun kön nen sie wie der Schlit ten fah ren.	
4	Nun kön nen sie wie der Fahr rad fah ren.	
5	Sie spie len am liebs ten im Wald.	
6	Sie bau en sich ein Baum haus.	
7	Dort es sen und trin ken sie.	
8	Dort ma chen sie ih re Haus auf ga ben.	

KOHL VERLAG Wir werden Leseprofi / Klasse 1 Intensives Training des sinnerfassenden Lesens – Bestell-Nr. 16 761

12 Im Wald

2\. Lernschritt

Beantworte die folgenden Fragen zum Lesetext sinngemäß in vollständigen Sätzen.

oder:

Unterstreiche im Lesetext die passenden Antworten. Schreibe am Rand den dazugehörigen Buchstaben daneben.

a) Wann freuen Lena und Kim sich?

b) Wo spielen sie am liebsten?

c) Was bauen sie im Wald?

d) Was tun sie dort?

Zusatzaufgabe *Wo spielt ihr am liebsten? Erzählt.*

KOHL VERLAG Wir werden Leseprofi / Klasse 1 Intensives Training des sinnerfassenden Lesens – Bestell-Nr. 16 761

13 Un ser Leh rer

Zum neu en Schul jahr ha ben wir ei nen neu en Leh rer be kom men. Herr Rü be ist schon ziem lich alt. Stän dig putzt er sich mit gro ßen Stoff tü chern sei ne Na se. Da rü ber müs sen wir im mer la chen. Herr Rü be wird dann ganz rot im Ge sicht.

39 Wörter

1. Lernschritt

➔ *Lies die folgenden Sätze aufmerksam durch.*

➔ *Ist die Aussage inhaltlich richtig? Dann kreuze die Aussage an.*

❗ *Achtung: Du darfst nicht mehr im Text nachlesen!*

Knicke das Blatt entlang dieser Linie nach hinten.

Richtig 

1	Zum neu en Schul jahr ha ben wir ei nen neu en Leh rer be kom men.	
2	Herr Rü be ist schon ziem lich alt.	
3	Er putzt sich stän dig die Na se.	
4	Zum Na se put zen be nutzt er Pa pier ta schen tü cher.	
5	Al le fin den das sehr trau rig.	
6	Da rü ber müs sen wir im mer la chen.	
7	Herr Rü be wird dann ganz rot im Ge sicht.	
8	Herr Rü be schimpft dann kräf tig mit uns.	

KOHL VERLAG Wir werden Leseprofi / Klasse 1 Intensives Training des sinnerfassenden Lesens – Bestell-Nr. 16 761

13 Un ser Leh rer

2. Lernschritt

Beantworte die folgenden Fragen zum Lesetext sinngemäß in vollständigen Sätzen.

oder:

Unterstreiche im Lesetext die passenden Antworten. Schreibe am Rand den dazugehörigen Buchstaben daneben.

a) Was haben wir zum neuen Schuljahr bekommen?

b) Wie heißt der neue Lehrer?

c) Womit putzt er sich seine Nase?

d) Was müssen wir immer?

e) Was wird Herr Rübe dann im Gesicht?

KOHL VERLAG Wir werden Leseprofi / Klasse 1 Intensives Training des sinnerfassenden Lesens – Bestell-Nr. 16 761

14 Ei ne Boots fahrt

Am Sonn tag fährt Fa mi li e Kraft an den Mum mel see. Das ist ein wun der schö ner Berg see mit ten im Schwarz wald. Flo ri an, der Sohn, fin det das su per. Hier kann er mit sei nen El tern auf dem See Tret boot fah ren. Das ist ein Spaß!

39 Wörter

1. Lernschritt

➔ *Lies die folgenden Sätze aufmerksam durch.*

➔ *Ist die Aussage inhaltlich richtig? Dann kreuze die Aussage an.*

❗ *<u>Achtung</u>: Du darfst nicht mehr im Text nachlesen!*

- -

Knicke das Blatt entlang dieser Linie nach hinten.

Richtig 

1	Am Sonn tag fährt Fa mi li e Mül ler an den Mum mel see.	
2	Das ist ein wun der schö ner Berg see.	
3	Der See liegt mit ten im O den wald.	
4	Flo ri an fin det das su per.	
5	Er kann mit sei nen El tern hier Tret boot fah ren.	
6	In dem See geht Flo ri an schwim men.	
7	Das Was ser ist sehr kalt.	
8	Das ist ein Spaß.	

KOHL VERLAG Wir werden Leseprofi / Klasse 1 Intensives Training des sinnerfassenden Lesens – Bestell-Nr. 16 761

14 Eine Bootsfahrt

2. Lernschritt *Beantworte die folgenden Fragen zum Lesetext sinngemäß in vollständigen Sätzen.*

oder:

Unterstreiche im Lesetext die passenden Antworten. Schreibe am Rand den dazugehörigen Buchstaben daneben.

a) Wann fährt Familie Kraft weg?

b) Was ist der Mummelsee?

c) Was kann er hier auf dem See?

d) Was ist das für Florian?

Zusatzaufgabe *Welche Sonntagsausflüge unternehmt ihr mit euren Familien? Wo seid ihr schon überall gewesen?*

KOHL VERLAG Wir werden Leseprofi / Klasse 1 Intensives Training des sinnerfassenden Lesens – Bestell-Nr. 16 761

15 Mein Haus tier

Mei ne Kat ze heißt Pol di. Pol di ist mein Haus tier. Pol di ist neu gie rig. Des halb be glei tet sie mich im mer. Nur wenn Pol di ei ne Maus sieht, ist sie nicht mehr zu brem sen. Mit lau tem Ge fau che rennt sie hin ter ihr her. Schon ist Pol di nicht mehr zu se hen.

46 Wörter

1. Lernschritt

➔ *Lies die folgenden Sätze aufmerksam durch.*

➔ *Ist die Aussage inhaltlich richtig? Dann kreuze die Aussage an.*

! *Achtung: Du darfst nicht mehr im Text nachlesen!*

Knicke das Blatt entlang dieser Linie nach hinten.

		Richtig X
1	Mei ne Kat ze heißt Mau si.	
2	Pol di ist mein Haus tier.	
3	Pol di ist sehr faul.	
4	Sie liegt den gan zen Tag auf der O fen bank.	
5	Wenn Pol di ei ne Maus sieht, läuft sie ängst lich da von.	
6	Sie ist nicht mehr zu brem sen.	
7	Sie rennt mit lau tem Ge fau che hin ter der Maus her.	
8	Die Maus lacht Pol di aus.	

KOHL VERLAG Wir werden Leseprofi / Klasse 1 – Bestell-Nr. 16 761
Intensives Training des sinnerfassenden Lesens

15 Mein Haus tier

2. Lernschritt *Beantworte die folgenden Fragen zum Lesetext sinngemäß in vollständigen Sätzen.*

oder:

Unterstreiche im Lesetext die passenden Antworten. Schreibe am Rand den dazugehörigen Buchstaben daneben.

a) Wie heißt meine Katze?

b) Was ist Poldi?

c) Was ist Poldi, wenn sie eine Maus sieht?

d) Was macht Poldi mit lautem Gefauche?

Zusatzaufgabe *Wie heißt euer Haustier? Was ist es? Schreibe so: Mein Haustier heißt ..... . Es ist ein ....*

Wir werden Leseprofi / Klasse 1
Intensives Training des sinnerfassenden Lesens – Bestell-Nr. 16 761
KOHL VERLAG

16 Die neu e Ho se

Le nas Schwes ter heißt Se li na. Sie ist schon fünf zehn. Heu te ge hen die El tern neu e Klei dung kau fen. Se li na möch te ei ne neu e Ho se. Sie be kommt ei ne neu e blau e Ho se. Vor Freu de lacht sie Le na an.

35 Wörter

1. Lernschritt

➔ *Lies die folgenden Sätze aufmerksam durch.*

➔ *Ist die Aussage inhaltlich richtig? Dann kreuze die Aussage an.*

(!) *Achtung: Du darfst nicht mehr im Text nachlesen!*

Knicke das Blatt entlang dieser Linie nach hinten.

		Richtig X
1	Le nas Schwes ter heißt Fran zis ka.	
2	Se li na ist schon 13.	
3	Heu te ge hen die El tern neu e Le bens mit tel kau fen.	
4	Heu te ge hen die El tern neu e Klei der kau fen.	
5	Se li na möch te ei ne neu e Ja cke.	
6	Se li na möch te ei ne neu e Ho se.	
7	Ih re neu e Ho se ist blau.	
8	Vor Freu de lacht sie Le na an.	

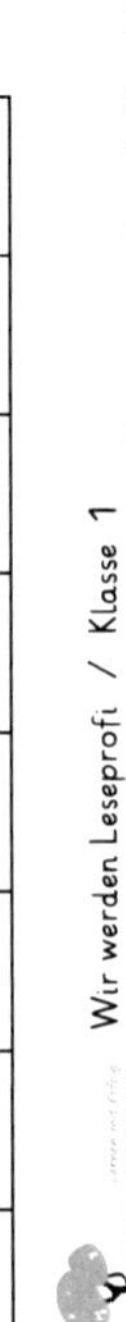

16 Die neu e Ho se

2. Lernschritt

Beantworte die folgenden Fragen zum Lesetext sinngemäß in vollständigen Sätzen.

oder:

Unterstreiche im Lesetext die passenden Antworten. Schreibe am Rand den dazugehörigen Buchstaben daneben.

a) Wie heißt Lenas Schwester?

b) Was möchte Selina?

c) Was bekommt Selina?

d) Was macht Selina vor Freude?

Zusatzaufgaben

- *Wer hat größere Geschwister? Berichtet.*
- *Welche Farbe hättest du gerne für deine Hose? Schreibe so: Mein Hose sollte ...... sein.*

Wir werden Leseprofi / Klasse 1 – Bestell-Nr. 16 761
Intensives Training des sinnerfassenden Lesens
KOHL VERLAG

17 Der ers te Schul tag

Ges tern hat te An na ih ren ers ten Schul tag. Stolz ging sie mit ih rer Schul tü te in das neu e Klas sen zim mer. Et was ängst lich war sie schon. A ber als sie das freund li che Ge sicht ih rer Leh re rin sah, war al les gut. Am A bend er zähl te sie ih rem Va ter be geis tert von der Schu le.

46 Wörter

1. Lernschritt

➔ *Lies die folgenden Sätze aufmerksam durch.*

➔ *Ist die Aussage inhaltlich richtig? Dann kreuze die Aussage an.*

(!) *Achtung: Du darfst nicht mehr im Text nachlesen!*

Knicke das Blatt entlang dieser Linie nach hinten.

Richtig 

		Richtig
1	Vor ges tern hat te An na ih ren ers ten Schul tag.	
2	An na hat te ei ne Schul tü te.	
3	An na ging in die gro ße Turn hal le.	
4	Sie war et was ängst lich.	
5	Es war al les gut, als sie die vie len an de ren Kin der sah.	
6	Ih re Leh re rin hat te ein freund li ches Ge sicht.	
7	Am nächs ten Tag er zähl te sie es dem O pa.	
8	An na er zähl te ih rem Va ter be geis tert von der Schu le.	

KOHL VERLAG Wir werden Leseprofi / Klasse 1 Intensives Training des sinnerfassenden Lesens – Bestell-Nr. 16 761

Der ers te Schul tag

2. Lernschritt *Beantworte die folgenden Fragen zum Lesetext sinngemäß in vollständigen Sätzen.*

oder:

Unterstreiche im Lesetext die passenden Antworten. Schreibe am Rand den dazugehörigen Buchstaben daneben.

a) Was hatte Anna gestern?

b) Wer hatte ein freundliches Gesicht?

c) Wem erzählte Anna von der Schule?

d) Was war Anna von der Schule?

Zusatzaufgabe *Welche Erinnerungen habt ihr an euren ersten Schultag? Erzählt.*

KOHL VERLAG Wir werden Leseprofi / Klasse 1 Intensives Training des sinnerfassenden Lesens – Bestell-Nr. 16 761

18 Ein Ba by

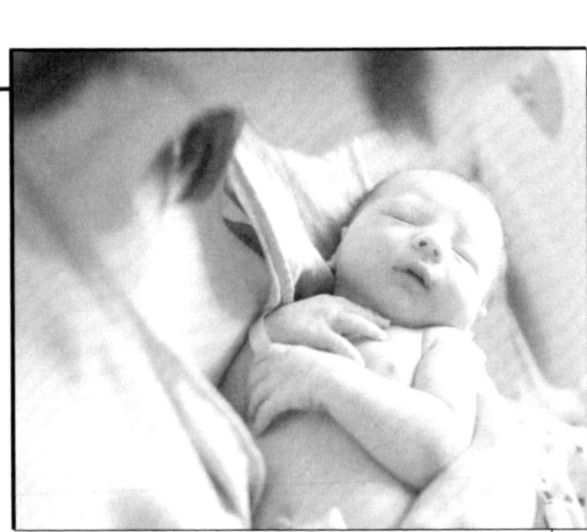

Max ist fünf Jah re alt.
Sei ne Mut ter ist ge ra de im Kran ken haus. Sie be kommt ein Ba by. Ge spannt war tet er auf den An ruf. Wird es ein Jun ge o der ein Mäd chen? End lich klin gelt das Te le fon. Va ter er zählt Max von sei ner klei nen Schwes ter. Max ist glück lich.

44 Wörter

1. Lernschritt

➔ *Lies die folgenden Sätze aufmerksam durch.*

➔ *Ist die Aussage inhaltlich richtig? Dann kreuze die Aussage an.*

! *Achtung: Du darfst nicht mehr im Text nachlesen!*

Knicke das Blatt entlang dieser Linie nach hinten.

Richtig 

		Richtig
1	Max ist sechs Jah re alt.	
2	Sei ne Mut ter ist im Kauf haus.	
3	Sie be kommt ein Ba by.	
4	Ent spannt war tet er auf den An ruf.	
5	End lich klin gelt es an der Haus tür.	
6	Va ter ruft Max an.	
7	Er er zählt Max von sei nem klei nen Bru der.	
8	Max ist glück lich.	

KOHL VERLAG Wir werden Leseprofi / Klasse 1 Intensives Training des sinnerfassenden Lesens – Bestell-Nr. 16 761

18 Ein Ba by

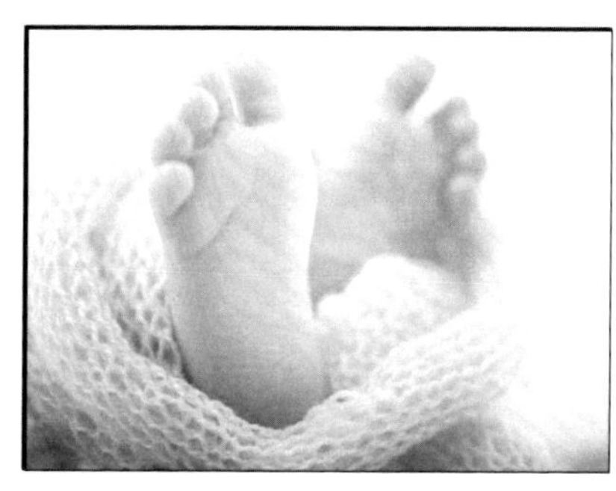

2. Lernschritt

Beantworte die folgenden Fragen zum Lesetext sinngemäß in vollständigen Sätzen.

oder:

Unterstreiche im Lesetext die passenden Antworten. Schreibe am Rand den dazugehörigen Buchstaben daneben.

a) Wo ist die Mutter von Max gerade?

b) Was bekommt seine Mutter?

c) Wer erzählt Max am Telefon von dem Baby?

d) Bekam Max eine Schwester oder einen Bruder?

Zusatzaufgaben

- *Habt ihr einen jüngeren Bruder oder eine jüngere Schwester bekommen? Wie war das für euch?*
- *Wie heißen deine jüngeren Geschwister? Wie alt sind sie? Schreibe auf.*

KOHL VERLAG Wir werden Leseprofi / Klasse 1 Intensives Training des sinnerfassenden Lesens – Bestell-Nr. 16 761

19 Mär chen stun de

In den Fe ri en darf ich bei mei ner O ma und mei nem O pa ü ber nach ten. Ich muss im mer pünkt lich um acht Uhr ins Bett. A ber das macht mir nichts aus. Je den A bend er zählt mir mei ne O ma ein Mär chen. Da nach kann ich herr lich träu men.

41 Wörter

1. Lernschritt

➔ *Lies die folgenden Sätze aufmerksam durch.*

➔ *Ist die Aussage inhaltlich richtig? Dann kreuze die Aussage an.*

(!) *Achtung: Du darfst nicht mehr im Text nachlesen!*

- -

Knicke das Blatt entlang dieser Linie nach hinten.

Richtig 

		Richtig
1	In den Fe ri en darf ich bei mei ner O ma und mei nem O pa ü ber nach ten.	
2	Ich muss im mer pünkt lich um sie ben ins Bett.	
3	Das macht mir nichts aus.	
4	Je den Mor gen liest mir O ma ein Ge bet vor.	
5	Je den A bend er zählt O ma ein Mär chen.	
6	Da nach bin ich im mer hell wach.	
7	Da nach ge he ich du schen.	
8	Da nach kann ich herr lich träu men.	

KOHL VERLAG Wir werden Leseprofi / Klasse 1 – Intensives Training des sinnerfassenden Lesens – Bestell-Nr. 16 761

Mär chen stun de

2. Lernschritt *Beantworte die folgenden Fragen zum Lesetext sinngemäß in vollständigen Sätzen.*

oder:

Unterstreiche im Lesetext die passenden Antworten. Schreibe am Rand den dazugehörigen Buchstaben daneben.

a) Bei wem darf ich übernachten?

b) Wann muss ich ins Bett?

c) Wer erzählt mir ein Märchen?

d) Was kann ich nach der Märchenstunde?

Zusatzaufgaben

- *Werden dir auch manchmal Märchen erzählt? Wer erzählt dir etwas? Berichte.*
- *Wie heißt dein Lieblingsmärchen? Schreibe auf.*

KOHL VERLAG Wir werden Leseprofi / Klasse 1 Intensives Training des sinnerfassenden Lesens – Bestell-Nr. 16 761

20 In der Schu le

Der Leh rer er zählt ei ne Ge schich te von ei nem I gel. Eu gen sitzt ge lang weilt auf sei nem Stuhl. Als der Leh rer fer tig ist, stellt er Fra gen. Eu gen hat nicht zu ge hört. Er ist mü de, weil er zu spät ins Bett ge gan gen ist.

40 Wörter

1. Lernschritt

➔ *Lies die folgenden Sätze aufmerksam durch.*

➔ *Ist die Aussage inhaltlich richtig? Dann kreuze die Aussage an.*

! *Achtung: Du darfst nicht mehr im Text nachlesen!*

Knicke das Blatt entlang dieser Linie nach hinten.

Richtig 

		Richtig
1	Die Leh re rin er zählt ei ne Ge schich te ü ber Hun de.	
2	Eu gen sitzt auf merk sam auf sei nem Stuhl.	
3	Eu gen sitzt ge lang weilt auf sei nem Stuhl.	
4	Der Leh rer stellt Fra gen.	
5	Eu gen hat nicht zu ge hört.	
6	Eu gen ar bei tet flei ßig mit.	
7	Er ist mü de.	
8	Eu gen ist zu spät ins Bett ge gan gen.	

KOHL VERLAG Wir werden Leseprofi / Klasse 1 Intensives Training des sinnerfassenden Lesens – Bestell-Nr. 16 761

In der Schu le

2. Lernschritt

Beantworte die folgenden Fragen zum Lesetext sinngemäß in vollständigen Sätzen.

oder:

Unterstreiche im Lesetext die passenden Antworten. Schreibe am Rand den dazugehörigen Buchstaben daneben.

a) Über was erzählt der Lehrer eine Geschichte?

b) Wie sitzt Eugen auf seinem Stuhl?

c) Was macht der Lehrer, als er fertig ist?

d) Warum ist Eugen müde?

Zusatzaufgabe

Bestimmt warst auch du in der Schule schon einmal müde. Berichte, wieso du müde warst.

KOHLVERLAG Wir werden Leseprofi / Klasse 1
Intensives Training des sinnerfassenden Lesens – Bestell-Nr. 16 761

21 Der neu e Com pu ter

An dre as hat heu te Ge burts tag. Er wird acht Jah re alt. Sein größ ter Wunsch ist ein ei ge ner Com pu ter. Noch muss er sich den Com pu ter mit Pa pa und sei ner Schwes ter tei len. Nur sein gro ßer Bru der hat ei nen ei ge nen. Auf dem Tisch steht ein gro ßes Pa ket. An dre as reißt die Ver pa ckung auf. Es ist ein neu er Com pu ter.

55 Wörter

1. Lernschritt

➔ *Lies die folgenden Sätze aufmerksam durch.*

➔ *Ist die Aussage inhaltlich richtig? Dann kreuze die Aussage an.*

! *Achtung: Du darfst nicht mehr im Text nachlesen!*

Knicke das Blatt entlang dieser Linie nach hinten.

		Richtig X
1	Heu te ist An dre as Ge burts tag.	
2	Er wird 7 Jah re alt.	
3	Sein größ ter Wunsch ist ein ei ge ner Com pu ter.	
4	Noch muss er sich den Com pu ter mit Pa pa und sei ner Schwes ter tei len.	
5	Nur sei ne gro ße Schwes ter hat ei nen ei ge nen.	
6	Auf dem Bo den steht ein gro ßes Pa ket.	
7	Er reißt die Ver pa ckung auf.	
8	Es ist ein neu er Com pu ter.	

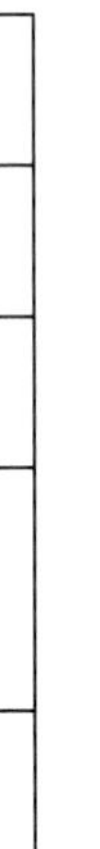
Wir werden Leseprofi / Klasse 1
Intensives Training des sinnerfassenden Lesens – Bestell-Nr. 16 761
KOHL VERLAG

21 Der neu e Com pu ter

2. Lernschritt *Beantworte die folgenden Fragen zum Lesetext sinngemäß in vollständigen Sätzen.*

oder:

Unterstreiche im Lesetext die passenden Antworten. Schreibe am Rand den dazugehörigen Buchstaben daneben.

a) Wer hat heute Geburtstag?

b) Was ist sein größter Wunsch?

c) Mit wem muss sich Andreas den Computer noch teilen?

d) Was steht auf dem Tisch?

e) Was ist in dem großen Paket?

KOHL VERLAG Wir werden Leseprofi / Klasse 1 Intensives Training des sinnerfassenden Lesens – Bestell-Nr. 16 761

22 Mi ri am mag nicht schla fen

Mi ri am ist fünf Jah re alt und schon ziem lich groß. Je den A bend wei gert sie sich, ins Bett zu ge hen. Es fal len ihr die tolls ten Aus re den ein. Mal muss sie noch aufs Klo, dann wie der et was trin ken o der sie hat Hun ger. Ih re neu es te Aus re de ist: „Mein Ku schel tier ist noch gar nicht mü de!“

54 Wörter

1. Lernschritt

➔ *Lies die folgenden Sätze aufmerksam durch.*

➔ *Ist die Aussage inhaltlich richtig? Dann kreuze die Aussage an.*

(!) *Achtung: Du darfst nicht mehr im Text nachlesen!*

- -

Knicke das Blatt entlang dieser Linie nach hinten.

Richtig 

Nr.	Aussage	Richtig
1	Mi ri am ist fünf Jah re alt.	
2	Sie ist noch ziem lich klein.	
3	Je den A bend be kommt sie ei ne Ge schich te vor ge le sen.	
4	Sie wei gert sich, ins Bett zu ge hen.	
5	Es fal len ihr kei ne Aus re den mehr ein.	
6	Mal muss sie aufs Klo o der sie hat Hun ger.	
7	Sie hat ei ne neu e Aus re de.	
8	„Mein Ku schel tier ist noch gar nicht mü de!“	

KOHL VERLAG Wir werden Leseprofi / Klasse 1 – Bestell-Nr. 16 761
Intensives Training des sinnerfassenden Lesens

22 Mi ri am mag nicht schla fen

2. Lernschritt

Beantworte die folgenden Fragen zum Lesetext sinngemäß in vollständigen Sätzen.

oder:

Unterstreiche im Lesetext die passenden Antworten. Schreibe am Rand den dazugehörigen Buchstaben daneben.

a) Wie alt ist Miriam?

b) Wohin will Miriam nicht?

c) Was fällt Miriam ein?

d) Was ist ihre neueste Ausrede?

Zusatzaufgabe

Welche Ausrede würdest du benutzen, um nicht ins Bett gehen zu müssen? Schreibe auf.

KOHL VERLAG Wir werden Leseprofi / Klasse 1 Intensives Training des sinnerfassenden Lesens – Bestell-Nr. 16 761

23 Die Post ist da

Juhu, es klingelt an der Tür! Schnell rennt Tim hin und öffnet. Es ist der Postbote. In der Hand hält er ein Päckchen. Darauf hat Tim sehnsüchtig gewartet. Es ist von seiner Tante aus Kanada. Diesmal schickt sie ihm einen neuen Fußball.

46 Wörter

1. Lernschritt

➔ *Lies die folgenden Sätze aufmerksam durch.*

➔ *Ist die Aussage inhaltlich richtig? Dann kreuze die Aussage an.*

(!) *Achtung: Du darfst nicht mehr im Text nachlesen!*

Knicke das Blatt entlang dieser Linie nach hinten.

		Richtig X
1	Juhu, es klingelt an der Tür.	
2	Tim rennt zur Tür und öffnet sie.	
3	Es ist der Postbote.	
4	Der Postbote hält ein Päckchen in der Hand.	
5	Tim ist enttäuscht. Er wollte einen Brief.	
6	Das Päckchen ist von der Tante aus Italien.	
7	Sie schickt seiner Schwester eine Puppe.	
8	Diesmal schickt sie ihm einen neuen Fußball.	

KOHL VERLAG Wir werden Leseprofi / Klasse 1 Intensives Training des sinnerfassenden Lesens – Bestell-Nr. 16 761

23 Die Post ist da

2. Lernschritt

Beantworte die folgenden Fragen zum Lesetext sinngemäß in vollständigen Sätzen.

oder:

Unterstreiche im Lesetext die passenden Antworten. Schreibe am Rand den dazugehörigen Buchstaben daneben.

a) Wo klingelt es?

b) Wer ist an der Tür?

c) Was hält er in der Hand?

d) Was schickt die Tante ihm?

Zusatzaufgaben

- *Hast du schon einmal ein Paket bekommen und dich sehr darüber gefreut? Was war in dem Paket? Erzähle.*
- *Über welches Geschenk hast du dich bisher am meisten gefreut? Schreibe auf, was du bekommen hast. Wer hat es dir geschenkt?*

KOHL VERLAG Wir werden Leseprofi / Klasse 1 Intensives Training des sinnerfassenden Lesens – Bestell-Nr. 16 761

24 Auf dem Bau ern hof

Heu te ma chen wir mit der Klas se ei nen Aus flug auf den Bau ern hof. Ich bin schon ganz ge spannt auf die vie len Tie re. Auf die klei nen Schwei ne freu e ich mich am meis ten. Wir wer den dort selbst Brot ba cken und dür fen es auch mit nach Hau se neh men. Da wird sich Mut ti freu en.

51 Wörter

1. Lernschritt

➔ *Lies die folgenden Sätze aufmerksam durch.*

➔ *Ist die Aussage inhaltlich richtig? Dann kreuze die Aussage an.*

! *Achtung: Du darfst nicht mehr im Text nachlesen!*

Knicke das Blatt entlang dieser Linie nach hinten.

Richtig 

1	Heu te ma chen wir mit der Klas se ei nen Aus flug.	
2	Der Aus flug geht in den Zoo.	
3	Ich bin schon ganz ge spannt auf die vie len Tie re.	
4	Auf die klei nen Zie gen freu e ich mich am meis ten.	
5	Wir wer den dort selbst Brot ba cken.	
6	Das Brot wird ver kauft.	
7	Mut ti wird sich ü ber das Brot freu en.	
8	Die Leh re rin freut sich ü ber das Brot.	

KOHL VERLAG Wir werden Leseprofi / Klasse 1 Intensives Training des sinnerfassenden Lesens – Bestell-Nr. 16 761

24 Auf dem Bauernhof

2. Lernschritt

Beantworte die folgenden Fragen zum Lesetext sinngemäß in vollständigen Sätzen.

<u>oder</u>:

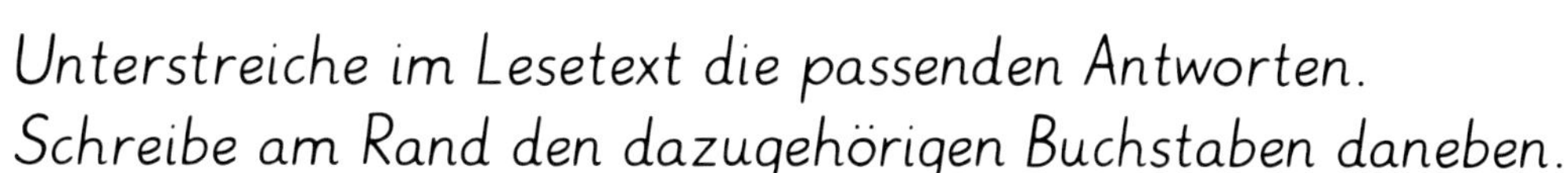

Unterstreiche im Lesetext die passenden Antworten. Schreibe am Rand den dazugehörigen Buchstaben daneben.

a) Wann macht die Klasse einen Ausflug?

b) Worauf freue ich mich am meisten?

c) Was werden wir dort machen?

d) Wer wird sich über das Brot freuen?

Zusatzaufgaben

- *Was hast du bei einem Besuch auf dem Bauernhof alles gesehen? Schreibe auf.*
- *Vielleicht warst du aber noch nie auf einem Bauernhof und weißt deshalb nicht, welche Tiere du dort sehen kannst. Sammle gemeinsam mit deinen Mitschülern alles, was man auf einem Bauernhof sehen kann.*

KOHL VERLAG Wir werden Leseprofi / Klasse 1 – Bestell-Nr. 16 761
Intensives Training des sinnerfassenden Lesens

25 Ju li a will nicht auf ste hen

Es ist Mon tag. Der We cker klin gelt. A ber Ju li a dreht sich ein fach um. Es war so schön ges tern Abend! Da kommt auch schon die Ma ma und schal tet den We cker aus. „Ju li a, es ist sie ben Uhr. Du musst in die Schu le."

39 Wörter

1. Lernschritt

➔ *Lies die folgenden Sätze aufmerksam durch.*

➔ *Ist die Aussage inhaltlich richtig? Dann kreuze die Aussage an.*

(!) *<u>Achtung</u>: Du darfst nicht mehr im Text nachlesen!*

- -

Knicke das Blatt entlang dieser Linie nach hinten.

Richtig 

1	Es ist Sonn tag.	
2	Der We cker klin gelt.	
3	Ju li a dreht sich ein fach um.	
4	Ju li a muss an die sem Mor gen nicht auf ste hen.	
5	Da kommt schon der Pa pa und schal tet den We cker aus.	
6	„Ju li a, es ist sie ben Uhr."	
7	Ju li a hat den We cker schon al lei ne aus ge schal tet.	
8	Ju li a muss in die Schu le.	

KOHL VERLAG Wir werden Leseprofi / Klasse 1 Intensives Training des sinnerfassenden Lesens – Bestell-Nr. 16 761

25 Ju li a will nicht auf ste hen

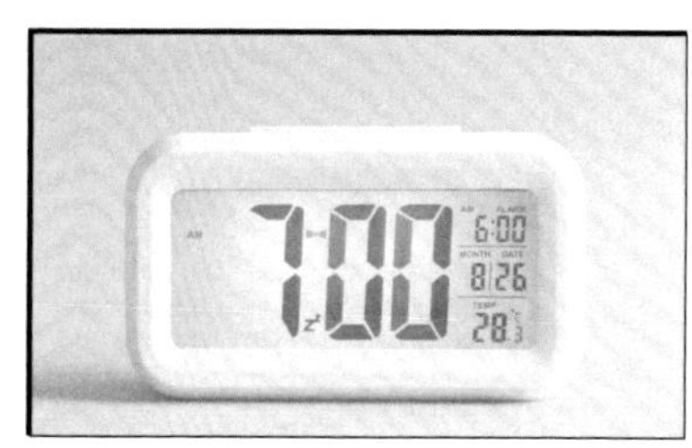

2. Lernschritt

Beantworte die folgenden Fragen zum Lesetext sinngemäß in vollständigen Sätzen.

oder:

Unterstreiche im Lesetext die passenden Antworten. Schreibe am Rand den dazugehörigen Buchstaben daneben.

a) Welcher Wochentag ist im Lesetext?

b) Was macht Julia, als der Wecker klingelt?

c) Warum ist Julia müde?

d) Was geschieht, als der Wecker weiter klingelt?

e) Was sagt Mama zu Julia?

KOHL VERLAG Wir werden Leseprofi / Klasse 1 Intensives Training des sinnerfassenden Lesens – Bestell-Nr. 16 761

26 Der Zoo be such

Se bas ti an ist sehr auf ge regt. Sei ne El tern wol len mit ihm ei nen Zoo be su chen. Wäh rend der Fahrt im Au to ü ber legt Se bas ti an sich, wel che Tie re er un be dingt se hen möch te. Am meis ten freut er sich auf die Af fen und die sü ßen Erd männ chen. Auch die gro ßen Tie re wie die Gi raf fen o der die Eis bä ren in te res sie ren Se bas ti an sehr. End lich sind sie im Park haus an ge kom men. Pa pa holt noch die Ein tritts kar ten. Und schon geht der Zoo be such los!

68 Wörter

1. Lernschritt

➔ *Lies die folgenden Sätze aufmerksam durch.*

➔ *Ist die Aussage inhaltlich richtig? Dann kreuze die Aussage an.*

❗ *Achtung: Du darfst nicht mehr im Text nachlesen!*

Knicke das Blatt entlang dieser Linie nach hinten.

Richtig 

		Richtig
1	Se bas ti an ist sehr auf ge regt.	
2	Sei ne El tern wol len mit ihm in Ur laub fah ren.	
3	Am meis ten freut sich Se bas ti an auf die E le fan ten.	
4	Die Af fen und die sü ßen Erd männ chen fin det er toll.	
5	Auch die gro ßen Tie re wie die Eis bä ren in te res sie ren ihn sehr.	
6	End lich sind sie auf dem Park platz an ge kom men.	
7	Pa pa holt noch schnell die Ein tritts kar ten.	
8	Und schon kann der Zoo be such los ge hen!	

KOHL VERLAG Wir werden Leseprofi / Klasse 1 Intensives Training des sinnerfassenden Lesens – Bestell-Nr. 16 761

26 Der Zoo be such

2. Lernschritt

Beantworte die folgenden Fragen zum Lesetext sinngemäß in vollständigen Sätzen.

oder:

Unterstreiche im Lesetext die passenden Antworten. Schreibe am Rand den dazugehörigen Buchstaben daneben.

a) Warum ist Sebastian sehr aufgeregt?

b) Auf welche Tiere freut er sich am meisten?

c) Welche großen Tiere interessieren Sebastian auch?

d) Wo parkt Papa das Auto?

e) Was muss Papa jetzt noch schnell besorgen?

KOHL VERLAG Wir werden Leseprofi / Klasse 1 Intensives Training des sinnerfassenden Lesens – Bestell-Nr. 16 761

27 Be geg nung im Wald

Am Nach mit tag ge hen Mar kus und Ja na ge mein sam in den Wald. Sie wol len Tie re be ob ach ten. Plötz lich steht ein Reh di rekt vor ih nen auf dem Wald weg. Es hebt den Kopf und schaut sie an. Mar kus und Ja na blei ben ste hen und sind ganz still. Das Reh springt mit ei nem Satz zwi schen die Bäu me und ver schwin det.

52 Wörter

1. Lernschritt

- *Lies die folgenden Sätze aufmerksam durch.*
- *Ist die Aussage inhaltlich richtig? Dann kreuze die Aussage an.*

(!) *Achtung: Du darfst nicht mehr im Text nachlesen!*

Knicke das Blatt entlang dieser Linie nach hinten.

Richtig 

		Richtig
1	Am Nach mit tag ge hen Mar kus und Ja na in den Wald.	
2	Sie wol len Pil ze sam meln.	
3	Plötz lich steht ein Reh di rekt vor ih nen auf dem Weg.	
4	Das Reh kommt auf sie zu und schnup pert an Mar kus.	
5	Das Reh hebt den Kopf und schaut sie an.	
6	Ja na hat Angst und be ginnt zu wei nen.	
7	Mar kus und Ja na blei ben ste hen und sind ganz still.	
8	Mit ei nem Satz springt das Reh weg und ver schwin det.	

KOHL VERLAG Wir werden Leseprofi / Klasse 1 Intensives Training des sinnerfassenden Lesens – Bestell-Nr. 16 761

27 Be geg nung im Wald

2. Lernschritt

Beantworte die folgenden Fragen zum Lesetext sinngemäß in vollständigen Sätzen.

oder:

Unterstreiche im Lesetext die passenden Antworten. Schreibe am Rand den dazugehörigen Buchstaben daneben.

a) Wer geht gemeinsam in den Wald?

b) Was haben sie dort vor?

c) Was passiert plötzlich vor ihnen auf dem Waldweg?

d) Wie reagiert das Reh zunächst?

e) Was tun Markus und Jana?

f) Was macht das Reh schließlich?

KOHLVERLAG Wir werden Leseprofi / Klasse 1 Intensives Training des sinnerfassenden Lesens – Bestell-Nr. 16 761

28 Die Lösungen

Richtig X

	1	2	3	4	5	6	7	8
1	X	X	X		X	X		X
2				X	X		X	
3		X		X			X	
4		X		X	X		X	
5	X				X	X	X	
6		X			X			
7		X			X		X	
8		X			X		X	X
9		X			X		X	X
10		X	X	X		X	X	
11		X	X		X	X		X
12		X			X	X	X	
13	X	X	X			X	X	
14		X		X	X			X
15		X				X	X	
16				X		X	X	X
17		X		X		X		X
18			X			X		X
19	X		X		X			X
20			X	X	X		X	X
21	X		X	X			X	X
22	X			X		X	X	X
23	X	X	X	X				X
24	X		X		X		X	
25		X	X			X		X
26	X			X	X		X	X
27	X		X		X		X	X

KOHL VERLAG Wir werden Leseprofi / Klasse 1 Intensives Training des sinnerfassenden Lesens – Bestell-Nr. 16 761

Die Lösungen

1 a) Jan und Felix sind im Sportverein. b) Sie spielen Fußball. c) Am Wochenende fahren sie zu einem Turnier. d) Der Trainer feuert sie an.

2 a) Auf einem Hügel steht ein Schloss. b) Alle Kinder haben Angst davor. c) Sie liefen ängstlich davon. d) Weil es spukte.

3 a) Nudeln mit Tomatensoße sind am beliebtesten. b) Pizza ist auf Platz zwei. c) Auf Platz drei sind Pommes. d) Pommes sind auf Platz drei.

4 a) Lukas und Simon spielen gerne im Schnee. b) Sie lieben Schlitten fahren. c) Mit dem Schlitten sausen sie den Berg hinter dem Haus herunter. d) Sie lachen und toben bis zum Abend.

5 a) Christian liest gerne. b) Zum Geburtstag bekommt er Bücher. c) Ein Buch über Piraten. d) Mama und Papa haben ein Fußballbuch für Christian.

6 a) Gestern gab es Ärger. b) Max kam nicht pünktlich nach Hause. c) Mama wurde richtig böse. d) Max hat Fernsehverbot.

7 a) Julia und Leila lieben Musik. b) Beide haben zum Schulanfang eine Flöte bekommen. c) Jeden Mittwoch gehen sie zum Flötenunterricht. d) Sie können schon einige Lieder spielen.

8 a) Es wird in den Ferien gezeltet. b) Vater baut das Zelt auf. c) Maria und Tim lachen. d) Vater schaut böse.

9 a) Rechnen fand Tina doof. b) Der Großvater besuchte Tina. c) Er half ihr. d) Jetzt hat sie es verstanden.

10 a) Vater kommt von der Arbeit nach Hause. b) Er will mit ihm spielen. c) Er möchte seine Ruhe haben. d) Sie spielen mit der Eisenbahn.

11 a) In der Pause stehen die Erstklässler zusammen. b) Max isst ein Wurstbrot. c) Karin isst einen Schokoriegel. d) Karins Zähne sind schon ganz schlecht.

12 a) Wenn es Frühling wird, freuen sich Lena und Kim immer. b) Am liebsten spielen sie im Wald. c) Sie bauen sich ein Baumhaus. d) Dort essen, trinken und faulenzen sie.

13 a) Zum neuen Schuljahr haben wir einen neuen Lehrer bekommen. b) Der neue Lehrer heißt Herr Rübe. c) Ständig putzt er sich mit großen Stofftüchern seine Nase. d) Darüber müssen wir immer lachen. e) Herr Rübe wird dann ganz rot im Gesicht.

KOHL VERLAG Wir werden Leseprofi / Klasse 1
Intensives Training des sinnerfassenden Lesens – Bestell-Nr. 16 761

28 Die Lösungen

14 **a)** Am Sonntag fährt Familie Kraft an den Mummelsee. **b)** Das ist ein wunderschöner Bergsee mitten im Schwarzwald. **c)** Hier kann er mit seinen Eltern auf dem See Tretboot fahren. **d)** Das ist ein Spaß.

15 **a)** Meine Katze heißt Poldi. **b)** Poldi ist neugierig. **c)** Nur, wenn Poldi eine Maus sieht, ist sie nicht mehr zu bremsen. **d)** Mit lautem Gefauche rennt sie hinter ihr her.

16 **a)** Lenas Schwester heißt Selina. **b)** Selina möchte eine neue Hose.
c) Sie bekommt eine neue blaue Hose. **d)** Vor Freude lacht sie Lena an.

17 **a)** Anna hatte gestern ihren ersten Schultag. **b)** Annas Lehrerin hatte ein freundliches Gesicht. **c)** Anna erzählte ihrem Vater von der Schule.
d) Anna war von der Schule begeistert.

18 **a)** Max Mutter ist gerade im Krankenhaus. **b)** Sie bekommt ein Baby.
c) Sein Vater erzählt Max von dem Baby. **d)** Max bekommt eine kleine Schwester.

19 **a)** In den Ferien darf ich bei Oma und Opa übernachten. **b)** Ich muss immer pünktlich um acht Uhr ins Bett. **c)** Meine Oma erzählt mir ein Märchen.
d) Danach kann ich herrlich träumen.

20 **a)** Der Lehrer erzählt eine Geschichte von einem Igel. **b)** Eugen sitzt gelangweilt auf seinem Stuhl. **c)** Er stellt Fragen. **d)** Er ist müde, weil er zu spät ins Bett gegangen ist.

21 **a)** Andreas hat heute Geburtstag. **b)** Sein größter Wunsch ist ein eigener Computer. **c)** Noch muss er sich den Computer mit Papa und seiner Schwester teilen. **d)** Auf dem Tisch steht ein großes Paket. **e)** Es ist ein neuer Computer.

22 **a)** Miriam ist fünf Jahre alt. **b)** Sie will nicht ins Bett gehen. **c)** Es fallen ihr die tollsten Ausreden ein. **d)** „Mein Kuscheltier ist noch gar nicht müde!"

23 **a)** Juhu, es klingelt an der Tür! **b)** Es ist der Postbote. **c)** In der Hand hält er ein Päckchen. **d)** Diesmal schickt sie ihm einen neuen Fußball.

24 **a)** Heute machen wir mit der Klasse einen Ausflug auf den Bauernhof.
b) Auf die kleinen Schweine freue ich mich am meisten. **c)** Wir werden dort selbst Brot backen. **d)** Mutti wird sich über das Brot freuen.

KOHL VERLAG Wir werden Leseprofi / Klasse 1 Intensives Training des sinnerfassenden Lesens – Bestell-Nr. 16 761

28 Die Lösungen

25 **a)** Es ist Montag. **b)** Julia dreht sich einfach um. **c)** Der Abend gestern war so schön! **d)** Mama kommt und schaltet den Wecker aus. **e)** „Julia, es ist sieben Uhr. Du musst in die Schule."

26 **a)** Seine Eltern wollen mit ihm einen Zoo besuchen. **b)** Am meisten freut er sich auf die Affen und die süßen Erdmännchen. **c)** Ihn interessieren auch die Giraffen und die Eisbären. **d)** Er parkt im Parkhaus. **e)** Papa muss noch die Eintrittskarten holen.

27 **a)** Markus und Jana gehen in den Wald. **b)** Sie wollen Tiere beobachten. **c)** Plötzlich steht ein Reh vor ihnen. **d)** Das Reh hebt den Kopf und schaut sie an. **e)** Sie bleiben stehen und sind ganz still. **f)** Das Reh springt mit einem Satz zwischen die Bäume und verschwindet.

KOHL VERLAG Wir werden Leseprofi / Klasse 1
Intensives Training des sinnerfassenden Lesens – Bestell-Nr. 16 761

Tobias & Nik Vonderlehr

Ganz einfache Lesetexte

für Erstleser & DaZ-Kinder

Diese motivierenden und leicht verständlichen Lesetexte sind aus der Lebenswelt der Kinder. Das Textverständnis wird durch verschiedene Aufgabenstellungen überprüft. Einfache Malaufgaben, die sich aus dem Text erschließen oder schriftliche Aufgaben, die auch von Anfängern gut bewältigt werden können, sichern den Leseerfolg. Kleine gut bewältigbare Portionen motivieren zum Weiterüben!

FÖ INK — Klasse 1 2 3 4

48 Seiten	12 140	ab 13,49 €

Roswitha Wurm

Individuelles Lesetraining

Freude wecken am Leselernprozess

Dieses individuelle Lesetraining holt die Leseanfänger*innen und Schüler*innen mit Leseschwierigkeiten genau dort ab, wo sie gerade im Leselernprozess stehen. Buchstaben trainieren, Zusammenlauten üben sowie komplexere Aufgaben ermöglichen gezieltes und individuelles Lesetraining. Anwendbar im schulischen Kontext, aber auch Zuhause als Ferienheft oder zusätzliches Übungsmaterial. Einsetzbar im außerschulischen Lesetraining, im Legasthenietraining sowie in der Förderpädagogik.

Die Übungen sind vielfach praxiserprobt.

FÖ — Klasse 1 2 3 4

64 S.	12 640	ab 14,99 €

Autorenteam Kohl-Verlag

Kurze Lesetexte *für Erstleser*

Einfache Texte in drei Niveaustufen

Texte mit je gleichem Inhalt und in drei Niveaustufen differenziert. So können Ihre Schüler je nach Leistungsstand individuell arbeiten und erleben trotzdem die gleiche Story. Aufgaben in Dreifachdifferenzierung zur Lesekompetenz runden jede Einheit ab.

FÖ   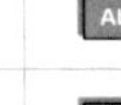 — Klasse 1 2

56 Seiten	11 875	ab 14,49 €

Peter Botschen

5-Schritt-Lesemethode

DIE effektivste Methode, nachhaltig Lesen zu lernen

Viele haben Probleme, Texte inhaltlich zu erfassen. Dem wollen wir entgegen wirken mit DER Lesemethode schlechthin: der „5-Schritt-Lese-Methode". Für leistungsschwächere Schüler haben wir diese um die „6-Schritt-Lese-Methode" ergänzt. Dieser Band umfasst Kopiervorlagen zur Anfertigung eines Lesefachers für die Klassen 3/4 in der bekannten Fibelschrift, und für die Klassen 5-7 dementsprechend altersgerecht. Für die Klasse 8-10 ist die Lesemethode in einem Anleitungsblatt verfasst, ebenfalls für die Oberstufe. ***Mit farbigem Poster fürs Klassenzimmer!***

FÖ INK — Klasse 1 2 3 4

60 Seiten	12 570	ab 19,99 €

Rüdiger Kohl & Moritz Quast

Lesetraining für Anfänger ... mit Silbenbögen

Intensives Lesetraining für **Leseanfänger**. Die vielseitigen Übungen ermöglichen ganz leichtes, sinnerfassendes Lesen anhand von **einfachen Silbenübungen** zu jedem Buchstaben und vielen Lautverbindungen und ermöglichen das Lesen einfacher Sätze und kleiner Geschichten.

FÖ — Klasse 1 2

64 Seiten	10 652	ab 14,99 €

Wolfgang Krüger

120 Lese- & Schreibübungen mit Wortfamilien

1. Wörter vergleichen, den gemeinsamen Stamm markieren. **2.** Wörter in den Lückentext einsetzen, was sorgfältiges Lesen erfordert. **3.** Wörter nach Bausteinen gegliedert aufschreiben. Hierbei werden die Kinder mit dem Stammprinzip vertraut.

FÖ INK PDF plus — Klasse 3 4

128 Seiten	10 748	ab 21,49 €

 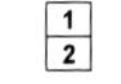 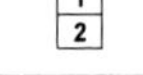 

Ulrike Stolz & Lynn-Sven Kohl

Kreative Lesespiele

*Kinderleichte **Lese-Übungs-Spiele** (Lese-Memory oder -Quartett), **Ketten-, Blitz- & Reaktionslesen** bis hin zu **optischen Lesespielen**, die in **Einzel-, Partner- & Gruppenarbeit** erfahren werden.*

Klasse	Best.-Nr.	
Klasse 1	10 751	je 64 Seiten
Klasse 2	10 752	
Klasse 3	10 753	ab 14,99 €
Klasse 4	10 754	

FÖ BF — Klasse 1 2 3 4

 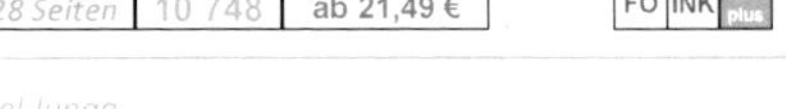

Michael Junga

Augenrätsel zur Leseförderung

Verborgene Wörter in einem Buchstabengewimmel ausfindig zu machen fordert das sprachliche Denktraining und schult die visuelle Wahrnehmung. In 16 Übungsvorlagen sollen die Kinder jeweils elf Wörter entdecken, markieren und in eine Tabelle übertragen. Sie stärken damit ganz nebenbei ihre sprachliche Denk- und Kombinationsfähigkeit sowie ihr Lesevermögen. Ausführliche Lösungen ermöglichen eine reibungslose Selbstkontrolle.

FÖ INK — Klasse 2 3 4

36 Seiten	12 635	ab 12,49 €

 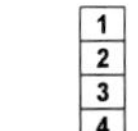  

Ulrike Stolz & Lynn-Sven Kohl

Lesetraining konkret! anhand von Sachtexten

Zentrales Ziel dieser Übungen ist es, die Kernaussagen eines Textes herauszuarbeiten. Diese Arbeitsblätter vermittelt Vorgehensweisen, wie man mit der jeweiligen Textart am besten arbeitet. So gibt es zu jeder Textart ein individuelles Anleitungsblatt, das Methoden bzw. Techniken zur Sinnerfassung erklärt. Je nach Klassenstufe wird unterstrichen, farbig sortiert, Stichpunkte herausgeschrieben, mit Zettel und Stift gearbeitet ...

	Klasse	Best.-Nr.	
je 48 Seiten	Klasse 1/2	11 229	
	Klasse 3/4	11 230	ab 11,99 €

Klasse 1 2 3 4

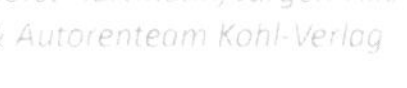

Horst Hartmann, Jürgen Tille-Koch & Autorenteam Kohl-Verlag

LESETRAINING

in drei Niveaustufen

Sinnerfassendes Lesen ist **DIE** Grundkompetenz für erfolgreiches Lernen! Hier sind differenzierende Lesetexte und Aufgaben in drei Niveaustufen – jede Geschichte gibt es also in drei verschiedenen Schwierigkeitsvarianten (kürzere oder längere Sätze, geänderte Wortwahl, angepasster Schwierigkeitsgrad bei den gestellten Aufgaben – je nach dem vorhandenen Leistungsvermögen der Schüler*innen innerhalb einer Klasse/Gruppe. Dabei bleibt die Geschichte inhaltlich stets gleich, sodass in der Klasse differenziert gearbeitet werden kann und trotzdem alle dasselbe Thema besprechen können. Im Anschluss an jeden Text finden sich abwechslungsreiche, alle den Bereich „Lesen" unterstützende, niveaugerechte Aufgaben (auch zu den Sekundarkompetenzen im Deutschunterricht). Dies garantiert optimale Differenzierung und Individualisierung. Endlich Erleichterung für Schüler und Lehrer!

- Differenzierende Ausgaben
- Lesetexte und Aufgaben in drei Niveaustufen
- Eine Geschichte in 3 Varianten
- Mit Selbstkontrollmöglichkeit

FÖ INK PDF plus

Klasse	Best.-Nr.	
Klasse 1	16 701	je 80 Seiten
Klasse 2	16 702	
Klasse 3	16 703	ab 17,49 €
Klasse 4	16 704	

Klasse 1 2 3 4

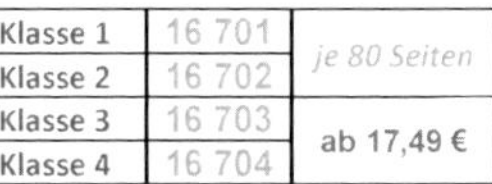

Sabrina Hinrichs & Autorenteam Kohl-Verlag

Lesetexte Jahreszeiten

Texte in drei Niveaustufen

Motivierende und jahreszeitbezogene Texte, Geschichten fordern die Lesekompetenz. Die inhaltlich gleichen Vorlagen sind in drei Niveaustufen (grundlegendes Niveau, mittleres Niveau, erweitertes Niveau) verfasst und ermöglichen allen Lernenden das ihrem Leistungsvermögen entsprechende Textverstehen. Übungsaufgaben und Lernzielkontrollen schließen sich an die jeweiligen Lesetexte in verschiedenen Niveaustufen an.

FÖ 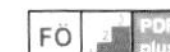 PDF plus

Seiten	Titel	Best.-Nr.	Preis
56 S.	Frühlingszeit	11 736	ab 13,49 €
64 S.	Sommerzeit	11 737	ab 14,49 €
64 S.	Herbstzeit	11 733	ab 13,49 €
48 S.	Winterzeit	11 734	ab 13,49 €
64 S.	Weihnachten	11 823	ab 14,49 €
64 S.	Ostern	12 809	ab 14,99 €

Klasse 3 4

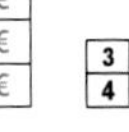